별 달 그리고 우리

시인 **박경수**

별 달 그리고 우리

초판 1쇄 발행 2024년 8월 15일

지은이 박경수
펴낸이 장길수
펴낸곳 지식과감성#
출판등록 제2012-000081호

교정 김지원
디자인 서혜인
편집 서혜인
검수 이주희, 이현
마케팅 김윤길, 정은혜

주소 서울시 금천구 벚꽃로298 대륭포스트타워6차 1212호
전화 070-4651-3730~4
팩스 070-4325-7006
이메일 ksbookup@naver.com
홈페이지 www.knsbookup.com

ISBN 979-11-392-2014-8(03810)
값 13,000원

- 이 책의 판권은 지은이에게 있습니다.
- 이 책 내용의 전부 또는 일부를 재사용하려면 반드시 지은이의 서면 동의를 받아야 합니다.
- 잘못된 책은 구입하신 곳에서 바꾸어 드립니다.

지식과감성#
홈페이지 바로가기

별 달 그리고 우리

시인 박경수

계절 속에도
또 다른 계절이 숨어있다
봄 속에 가을이 있고
겨울 속에도 봄이 있다
계절마다 하나의 색이면 좋으련만
빈틈을 비집고 들어와
속 계절을 내비친다

가을 속의 봄은
모든 걸 떨쳐내고 남은
고귀한 숨결이다
그 어떤 계절도
상황에 따라 변할 수 있지만
가을 속의 봄만큼은
흔들림 없이 지켜야 하는
숭고한 진실이다

그 속에 당신이 있다
계절의 자화상에 물들지 않는
마지막 등불이 되어
내 안에서 새근새근 숨을 쉰다

박 경수

차례

1장 동굴 속으로
...

운명 18
덩달아 19
헤어짐이 아프다 20
시간이 지나면 21
벗이 떠난 자리에 22
다 하지 못하고 23
어렵게 산다 24
나라서 25
우리들 이야기 26
독특한 변명 27
화려함 속에도 28
존재감 29
마녀는 어디에든 있다 30
곰곰이 31
핑계만 대다 32
아픈 만큼 33
별 달 그리고 우리 34
한결같다 35
분재는 말이 없다 36

하얀 어둠 37
머물러 지낸다 38
철든 아이 39
보고 싶은 이유 40
오랜만에 41
설산 42
진정한 봄은 43
단짝 44
손깍지 45
허루루 46
감정의 깊이 47
여행에서 돌아와 48
얄팍한 신념 49
돌고 돌아 50
속마음의 진실 51
뜬눈으로 52
쉽지가 않네 53
추억을 헤맨다 54
옹고집만 늘어 55
네가 그렇다 56
운명처럼 만나 57
아무도 몰라요 58
무슨 생각으로 사는지 59

나만 아는 본질 60
그 마음 빠져나가면 61
기억 저편으로 62
고독이 찾아낸 진실 63

2장 햇살에 기대어
...

봄을 핑계로 66
휑하다 67
생을 위한 몸부림 68
흔적 69
꼭꼭 숨겨온 마음 70
우울의 그늘이 71
단비 72
그런 친구로 남고 싶다 73
오늘 74
망울이 터지다 75
언덕에 올라 76
존재한다는 것 77
변덕쟁이 78
내 마음이 이랬구나 79
봄을 맞을 준비 80

어떠한 경우에도 81
달빛이 내려앉아 82
그깟 마음 잡기가 83
어둠이 있어 84
그곳을 당신에게 허락한다 85
아무리 생각해도 86
닮은 듯 다른 듯 87
구름 속 알갱이 88
오월의 정령 89
처음이기에 90
아닌척할수록 91
행복한 이기주의자 92
사실 말이야 93
닮아간다 94
팔베개 95
걱정 삼매경 96
왠지 97
봄이라 그런가 98
다 이유가 있다 99
갈등하는 마음 100
내 이야기 만들기 101
바보같이 102
경계선에서 103

다를 수 있어 다행이다 104
오늘은 오늘대로 105
순수감성이 깨어나다 106
이런 날도 있어야지 107
간절한 희망 108
성숙되지 않아 109
우리들만의 세상 110
팬을 위하여 111
사랑이 있어 112
화려함은 순간이지만 113
소원이 있다면 114
내 마음속에 115

3장 마음 가는 대로
...

여름의 길목에서 118
이유를 알 수 없어 119
벽을 넘어 120
빛바랜 사진 속에서 121
새로움 122
핑계 속의 본질 123
오르락내리락 124

우연이 아님을 증명하다 125
세상이 바쁘더라도 126
남은 날들을 위해 127
그 하나가 128
참사랑 129
욕심 채우는 날 130
처음처럼 131
곁에 누군가 있어 132
인생 방정식 133
내 인생의 리듬 134
떨어져 있지만 135
지구에서 137
파도에 흩어져 138
자꾸 생각나 139
하나뿐인 내 인생인데 140
꽃과 정원사 141
내 안에 142
바보처럼 산다 143
하필 144
온통 뒤죽박죽이다 145
일벌로 살아가기 146
이기적 시간 갖기 147
리듬을 맞추다 148

좋은 사람과 149
헛똑똑이 150
이중적 미소 151
7월의 캐럴 152
그때나 지금이나 153
정해져 있어 154
쉼이란 155
창밖 세상 156
당신이라서 참 좋다 157
매 순간 걱정이다 158
이런 친구였구나 159
잘 안다면서 160
여태 잘 왔다 161
나답게 살아도 되지 않을까 162
당신 참 예뻐 163
바람개비 164
세 시에 만나 165
혼밥에 익숙해지다 166
적막 속에도 167
네 거, 내 거 168
어설픈 독백 169

4장 나의 봄을 찾아
...

가을이 오는 소리 172

회상 173

가끔은 174

메뚜기는 한철인데 175

나답게 살기 176

그 느낌 남아있어 177

난 알아요 178

생각을 정리하는 시간 179

바램 180

인생은 자신이 만들어간다 181

신비한 힘 182

마음의 길잡이 183

같은 하늘인데 184

너라서 185

한 사람 186

주어가 없는 세상 187

계절을 함께하다 188

당신이라서 189

기적의 사칙연산 190

쓸데없는 걱정 191

생각만으로 192

달팽이 집 짓기 193
시간이 흘러 194
마음의 허기 채우기 195
세 번의 기회 196
어제와 오늘 197
수줍은 민낯 198
너의 그림자 199
나만 바쁜 줄 알았는데 200
우연이 아님을 201
때로는 202
여운 203
기억할 게 없는 세상 204
있고 없고 205
모르는 건 아니지만 206
사랑 속에도 207
가려진 진실 208
내가 나일 때 209
꽃잎 210
지구는 잘 돌아간다 211
아무것도 모르면서 212
당신에게만큼은 213
삶의 방식이 다르기에 214

그때 그 시절 215
생각은 달라도 216
안개가 걷히면 217
시월의 어느 날 219
내 인생의 찬란한 봄 221

1장
동굴 속으로

운명

그 순간
그곳에
네가 있었다

그 순간
그곳에
내가 있었다

덩달아

수많은 사람 중에
한 친구가 눈에 들어온다

그 애가 웃으면
덩달아 기분이 좋아지고
그 애가 우울해하면
덩달아 마음이 아려온다

나도 모르게
점점 설렘이 번져간다

헤어짐이 아프다

헤어짐이 아프다
마음을 허락하는 것도 쉽지 않지만
함께 찾아낸 연들이
한꺼번에 사라지니
빈자리를 무엇으로 채울까

한 사람에게 길들여진 심장은
교감하지 못한 감정에는 반응하지 않기에
비밀의 문들은
주인을 잃은 채 녹슬어 간다

그 공허함이 너무 커
다른 어떤 것으로도 채울 수 없고
구멍 뚫린 심장은
좀처럼 아물지를 않는다

시간이 지나면

바람도
시간이 지나면
잦아들고

상처도
시간이 지나면
아무는데

당신을 향한 마음은
시간이 지날수록
짙어간다

벗이 떠난 자리에

이별은
사랑한 만큼
아프고

그리움은
좋아한 만큼
오래간다

벗이 떠난 자리에
고독이 몰려와
또 다른 벗이 된다

다 하지 못하고

하고 싶은 말
다 하지 못하고

나누고 싶은 정
다 나누지 못하고

함께 만들고 싶은 세상
다 펼치지 못하고

바보같이 홀로 남는다

어렵게 산다

내일의 꿈을 핑계로
오늘의 행복을 미룬다
자신이 소중하다면서
마음 하나 헤아리지 못하고
타인의 삶에 끼어들어
간섭해 온 세월이 부끄럽다

아무렇지 않은 척
웃고 있지만
점점 소심해지는 자신을 볼 때면
답답할 때가 한두 번이 아니다

힘들면 힘들다고
하기 싫으면 하기 싫다고
있는 그대로 표현하며
자신을 먼저 챙겨도
아무런 문제가 없는데 말이다

나라서

나라서 좋을 때가 있다
아주 가끔

나라서 싫을 때가 있다
언제나처럼

너라서 좋을 때가 있다
항상 그렇게

너라서 싫을 때가 있다
별이 사라진 밤에

우리들 이야기

우리들 이야기는
기억에 담지 않아도 늘 정겹다
무심코 던진 말에는
서로에 대한 애정과
하나라도 더 챙겨주고 싶은
진심이 녹아있다

바람이 찬데
어디 아픈 데는 없는지
간밤에 구피는
새 식구의 이름을 다 외웠는지
소소한 일상을 공유하며
수다를 떨다 보면
걱정 따위는 잠시 잊어버린다

그렇게 서로의 마음을 열고
에너지를 주고받는 과정에서
왠지 모를 든든함과
풋풋한 설렘이 피어난다

독특한 변명

요즘 들어 꿈속에
당신이 자주 나타난다
오매불망 그리던 날들이건만
사라진 뒤 공허함이
심장을 후벼 판다

그게 싫은 게 아니라
그 느낌 계속 이어가지 못하고
태양이 이슬을 걷어내는 순간
함께 사라진다는 게
못내 아쉬울 따름이다

그런데 어쩌랴
꿈속에서나 밖에서나
당신과 함께할 때
내가 웃고 있으니 말이다

화려함 속에도

꽃잎이 온 세상을 덮더니
잠시 기쁨을 주고는
소리 없이 사라진다

얼룩진 자리는
곳곳에 상처를 남기고
떠난 자리는
눈물로 채워진다

누군가는 그 화려함에
시선을 빼앗기지만
누군가는 남아있는 진실에
마음을 들여다본다

존재감

어두울수록
반짝이는 별이 있다

고독할수록
생각나는 사람이 있다

내 마음속에
당신이 있다

마녀는 어디에든 있다

조금 평온하다 싶으면
불현듯 나타나 온 마음을 흔들고
애써 달래놓으면
또 다른 놈이 심기를 건드린다

도대체 어디에 숨어있는지
정체도 드러내지 않고
약한 고리만 파고들어
다독여 온 마음을 시험한다

어찌 보면
헤어지는 그 순간부터
주위를 알짱거리며
기회를 노리고 있었기에
떨치지 못한 나의 의지력이
개탄스러울 따름이다

곰곰이

지난날을 떠올린다
왜 하필 너고
왜 하필 너뿐이었는지

미치도록 답답하지만
너라서 감사하다

마음을 줄 수 있어 다행이고
마음을 받을 수 있어 행복했다

핑계만 대다

아침에는 준비하느라
낮에는 바빠서
저녁에는 시간 없어서

그렇게 핑계만 대다
잠이 든다

아픈 만큼

아픈 이유가 너라서
그 하나 빼내면 살 것 같은데

덜어낼수록 시리고
지울수록 번져나니
도대체 어쩌란 말인가

아픈 만큼 성숙한다는데
아픈 만큼 더 보고 싶다

별 달 그리고 우리

네가 별이면
나는 달이 되고
네가 달이면
나는 별이고 싶다

어두운 밤하늘
바람 소리 그윽할수록
너의 눈빛
초롱하구나

잠시 구름에 가려
아무것도 볼 수 없지만
다시 만나는 날
그 미소
변함없길 바란다

한결같다

보고 싶은데
도저히 다가서지 못하고
함께하고 싶은데
놀랄까 봐 발길을 돌린다

세월이 흘러
많은 것들이 변해가지만
당신을 향한 마음은 한결같다
지우려 할수록 아른거리고
숨기려 할수록 새어 나온다

끊임없이 피어나
아픈 곳을 찔러대지만
그래도 이 마음 있어
살아갈 힘이 생긴다

분재는 말이 없다

화분에 나무를 심고
작지만 웅장하게
혼과 운치를 담아
멋진 작품으로 거듭난다

틈 없는 공간에
자갈과 조약돌을 깔고
이끼를 덮어 외로움을 달랜다
팔을 비틀고 잎을 따내고
철사를 두르고 나서야
잠시 햇살에 기댄다

온몸이 찢어지고
고통이 사지를 짓누르지만
당신의 웃음을 살피며
말없이 잠이 든다

하얀 어둠

깜깜한 밤보다
뿌연 안개가 더 싫다
짙은 어둠은
한숨 자고 일어나면 사라지지만
하얀 어둠은
불현듯 나타나
숨 쉴 공간을 메워간다

갈피를 잡지 못해
상처만 곪아가는데
아픈 곳만 골라
집요하게 파고들어
마지막 남은 희망 회로까지
모두 망가뜨린다

머물러 지낸다

자신의 인생인데
따라 하기에 급급하고
욕심은 가득한데
도전할 용기가 없다

공동체에 발을 담가
마음의 허기는 달래지만
가끔씩 찾아오는 공허함에
무너지기를 반복한다

낯선 것에 대한 경계와
실패에 대한 두려움
불완전하기에 채울 수 있는데
상황을 탓하며
오늘도 머물러 지낸다

철든 아이

힘들면 힘들다 하고
아프면 아프다 할 수 없을까
참고 견디는 데 익숙해져
삶이 점점 무뎌져 간다

철이 든다는 것은
사려 깊은 사람으로
성장해 가는 증거이기도 하지만
생각을 무겁게 눌러
상상의 자유를 빼앗아 가는
암묵의 침탈자가 될 수 있다

타인에 대한 걱정보다
자신을 위해
꿈꿀 수 있는 자유와
시작할 수 있는 용기를 선물한다
세상이 어떻게 되든
나에게만큼은 마음껏 떼쓰는
철없는 아이로 남아주렴

보고 싶은 이유

오늘따라
네가 미치도록 보고 싶다

뜬금없이 무슨 소리 하냐고
놀릴 수도 있지만
지금의 심정을
그 어떤 말로도 표현할 수가 없다

굳이 변명하자면
간밤에 소쩍새가 울었고
아침부터 겨울비가 내린다는
그 정도뿐이다

오랜만에

오랜만에
난꽃이 피었다
오늘도 뿌리가
제 역할을 다하나 보다

오랜만에
햇살이 반짝인다
오늘은 당신에게
좋은 일이 생기려나 보다

설산

정상에는 눈이 내리고
중턱에는 비가 내리고

그 사이를 지나온 사람은 안다

짙은 안개가 자욱하지만
머지않아 해가 뜨고
새싹이 돋아난다는 사실을

진정한 봄은

지독한 절망에서 깨어나고 싶다
생기 잃은 어둠에서 벗어나
햇살에 기대어 웃을 수는 없을까

뒤숭숭한 마음 여전하지만
메마른 대지에 비가 내리고
스치는 바람에 온기가 감돌면
이때를 기회 삼아 일어서려 한다

이렇게라도 발버둥 치지 않으면
다시 암흑의 세계로 돌아가
영원히 잠들 것 같아 두렵다
그런데 어쩌랴
진정한 봄은 이미 내 마음속에 있는걸

단짝

눈빛에 끌리고
향기에 젖고
마음을 나누다 보니

하나뿐인
내 짝이 되었다

손깍지

살며시 깍지를 낀다
나란히 맞닿은 손가락 사이로
따스한 온기와
두근거림이 전해진다

세상과 싸우며
외로움과 벗이 되었는데
이제는 마음을 나누고
기대고 싶은
친구가 생긴 것이다

고요한 눈빛으로
서로의 마음을 확인하고
수줍은 미소 속에
영원한 사랑을 다짐한다

허투루

너에 대한 감정이
더 애틋한 것은
내 마음 가장 깊은 곳을
있는 그대로 보여주었기 때문이다

지나고 나면
아무렇지 않은듯해도
그것이 있어 심장이 요동치고
감춰진 속마음을
드러낼 수 있었다

물결이 잦아들고
조작된 기억 속에 매몰되어 가지만
당신과 함께한 날들이
내 인생 최고의 순간임을 알기에
허투루 흘려보낼 수 없다

감정의 깊이

믿음이란 게
불변의 진리 같지만
작은 바람에도
쉽게 흔들린다

사랑이란 게
영원할 것 같지만
샘이 마르면
금세 잊힌다

믿음도 사랑도
그 깊이를 알 수 없어
시련을 던져
진실을 들여다본다

여행에서 돌아와

다시 돌아온 일상
여행의 잔상에서 벗어나려
잠겨있던 습관들을 소환하지만
햇살 찬란한 금빛 물결과
붉은 노을의 미소가
쉽사리 가시지를 않는다

갑작스러운 무기력은
일상으로의 복귀를 더디게 하고
그날의 경험들은
소중한 추억으로 쌓여간다

삶이라는 것이
지나고 나면 그뿐인 것들로 가득하지만
경계심을 풀어헤치고
맞닥뜨린 새로운 감각들이
어제와 다른 나로 변화시키고 있음을
그 누가 알겠는가

얄팍한 신념

큰 줄기에 맞춰
흩어진 기억들을 정리하고
상처받은 영혼을 달래며
마음을 다잡지만

상황에 따라 흔들리는
얄팍한 신념이
나약한 본성을 대변한다

그렇게 보잘것없는
약한 고리들의 아우성은
타인의 시선에 굴복하며
점점 자신을 잃어간다

돌고 돌아

나의 바램이
돌고 돌아
너에게 전달될 수 있다면
햇살 품은 무지개와
생기 가득한 고동 소리를
띄우고 싶다

그 속에
당신만이 느낄 수 있는
온기를 담아
시시콜콜한 걱정들과
타인의 시선에서
완전히 해방되게 할 것이다

무엇보다
영원히 함께하자던
둘만의 약속이
영원히 변함없음을
꼭 알려주고 싶다

속마음의 진실

웃음 속에도
슬픔이 배어있고
눈물 속에도
환희가 묻어난다

보이는 것이
전부가 아니기에
속마음의 진실은
고독 속에서 깨어난다

냉혹한 현실이
풀 죽은 숨통까지 삼키지만
가슴 한가운데에
봄을 품어
그 희망으로 살아간다

뜬눈으로

밤이 깊어지면
마음도 가라앉아야 하는데
작은 바람에 흔들리고
상념에 뒤척인다

눈 딱 감으면
지울 수 있을 거라 생각했었는데
그 마음 그리 간단하지 않아
주위를 맴돌다
아픈 곳만 콕콕 찔러댄다

잊지 못하는 게 잘못인지
잊기 싫은 게 문제인지
고민만 하다
뜬눈으로 밤을 샌다

쉽지가 않네

내 마음 얼얼하고
여전히 변함없는데
모르는 체 하루를 버티는 게
말처럼 쉽지가 않다

남들이야
그들과 상관없으니
지나는 말로 툭 던질 수도 있지만
마음 주는 과정이 녹록지 않아
덮을수록 사무치게 아려온다

찬 바람에 낙엽이 뒹굴고
저녁노을에 핏빛이 물들어도
그게 다 내 마음 같아서
자꾸만 눈길이 간다

추억을 헤맨다

이제는
잊을 때도 됐건만
떠난 자리를 비워둔 채
추억을 헤맨다

함께할 때
그마저도 좋았는데
홀로되니
그조차도 시려온다

옹고집만 늘어

나이가 들수록
어른스러워져야 하는데
욕심만 가득하고
생각은 어리다

낯선 게 불안해
익숙한 길을 걷게 되고
실패가 두려워
새로운 시작을 꺼린다

요란했던 꿈은
조심스레 사라지고
못다 한 아쉬움은
자잘한 핑계를 만들며
옹고집만 늘어난다

네가 그렇다

찬 바람이 불어도
따스한 곳이 있다
소란 속에도
고요한 곳이 있다
사람 중에도
끌리는 사람이 있다

네가 그렇다
따스하고 고요하고
자꾸만 끌린다
네 품이 그립다

운명처럼 만나

운명처럼 만나
사랑에 빠져들고
쓰라린 아픔과 마주하며
소중함을 일깨운다

곁에 네가 있어
내일이 기다려지고
곁에 네가 없어
삶의 덧없음을 한탄한다

세상의 흐름이야
내 알 바 아니지만
나의 작은 소망은
너의 웃음 따라 자라난다

아무도 몰라요

내가 왜 이러는지
아무도 몰라요
내가 왜 이러는지
나도 몰라요

온종일
멍하니 지내다
잠이 들면
악몽에서 헤어나질 못한다

더딘 시간과
꽉 막힌 흐름 속에
답답해 미칠 지경이지만
한 마음 남아있어
악으로 버텨낸다

무슨 생각으로 사는지

공기 없이
살 수 있을까

근데 너 없이도
잘 살아간다

사는 것보다
살아가는 이유가
더 중요한데 말이다

나만 아는 본질

애써 다독여 온 속마음에
잔물결이 일어난다
시간이 지나면 다 정리되고
제자리로 돌아갈 거라 믿었건만
그 마음 예사롭지 않아
짓누를수록 강하게 새어 나온다

이 정도면 충분하다고
이제 그만 잊겠다고
수도 없이 되뇌어 보지만
도대체 그 깊은 곳에 뭐가 있길래
마지막 자존심까지 굴복시키고
떨쳐내지를 못하는 걸까

지나고 나면 추억이고
상처도 언젠가는 아문다지만
멍 속의 본질을 알기에
새살이 돋을 때까지
계속 아파해야 하나 보다

그 마음 빠져나가면

시간이 흘러도
변치 않는 한 가지가 있다
나를 알아주고 믿어준 사람이 있어
꿈꿀 수 있는
내일이 생겼다는 것이다

마음 깊은 곳에 새겨두고
홀로 간직하면 될 줄 알았는데
그 어떤 것으로도
허기진 심장을 채울 수가 없다

들풀처럼 일어나는 상념이
끊임없이 심지를 확인하려 들지만
그 마음 빠져나가면
숨 쉬는 이유를 찾지 못해
혼신을 다해 잡아본다

기억 저편으로

사랑을 모를 때
너를 만나
가장 예쁠 때
너를 보냈다

좋으면 운명이라고
나쁘면 상황을 핑계 대지만
네가 없는데
그게 다 무슨 소용이랴

먼 훗날
기억 저편으로
낙엽 지는 소리 들려올 때
너의 향기
찾을 수 있을까

고독이 찾아낸 진실

고독이 어둠을 몰고 온다
찬란한 햇살은
붉은 피를 토해내며
석양으로 물들고
숨 쉴 공간은 암흑에 둘러싸여
하얀 걱정으로 채워진다

영원히 지켜줄 거라
호언장담했건만
아무것도 하지 못한 채
변명만 찾고 있는
자신이 못마땅하다

꿈을 잃은 사내는
동굴 속으로 기어들고
한 줄기 빛도 찾을 수 없는 그곳에서
삶의 본질과 마주한다
더없이 외롭고 쓸쓸한 밤
달님의 미소가 아른거린다

2장
햇살에 기대어

봄을 핑계로

긴 담벼락을 따라
햇살을 맞으며
노란 개나리가 피어난다

모진 겨울을 버티며
고독과 싸울 때는
딴생각할 여력조차 없었는데
따스한 기운에 편승해
새롭게 태어나는 너를 보니
내 신세가 처량하다

모든 것을 떨구고
앙상한 가지만 남았는데
너의 향기 잊지 못해
봄을 핑계로
다시 고개를 내민다

휑하다

꽃은 피었는데
향기를 맡을 수 없고
햇살은 따스한데
마음이 착잡하다

얼핏 보기에는
여러 날과 다름없는데
들여다보면
온통 구멍투성이다

웃고 있지만
의미를 찾을 수 없고
의지를 다지지만
이내 방향을 잃는다

생을 위한 몸부림

일 년을 기다려 기껏 며칠
화려한 빛깔과
야릇한 향기로
벌과 나비를 유혹한다

평소에는
쳐다보지도 않던 것들이
망울을 터뜨리고
속살을 드러내니
그제야 눈길을 돌린다

조금 더 섹시하게
조금 더 농염하게
갖은 매력을 발산하며
최고의 연인을 찾아 끼를 부린다

흔적

누군가는 흔적을 지우고
누군가는 흔적을 새긴다
지난 상처는 아픔으로 남지만
또 다른 내일의 희망을 담기도 한다

힘들고 지쳐갈수록
굴레의 끝자락은 요원하지만
그래도 한 마음 변함이 없어
안간힘으로 버티며
소중한 시절의 추억을 소환한다

꾹꾹 눌러온 상처들이
가슴 곳곳에 숨죽여 지내다
한 사람을 떠올리는 순간
봇물처럼 튀쳐나와
다시 아물지 못하도록 시위를 펼친다

꼭꼭 숨겨온 마음

한 사람에게만
꼭 표현하고 싶은 마음이 있다
그 사람의 생각도 중요하지만
꾹꾹 눌러도 새어 나오는 이 감정을
감추며 살아갈 자신이 없다
조금 정제되면 좋으련만
그 과정 속에서 본질이 왜곡되고
포장만 늘어날까 두렵다

서툴고 부끄럽지만
용기 내어 말을 꺼낸다
"네가 좋다 여전히 좋다"
체면 차리며 고상한 척하려 해도
오랫동안 묵혀온 진심이기에
에둘러 표현하기도 싫고
이 마음 숨기며 살기에는
인생이 너무나 짧으니까

우울의 그늘이

봄이 왔건만
얼음 호수에 갇혀
빠져나오질 못한다

답답한 마음은
햇살의 풍요도 누리지 못한 채
잿빛으로 물들어 간다

생각이 멈추고
혼돈이 지배하면서
우울의 그늘이
세상을 뒤덮는다

단비

풀 죽은 가지 사이로
단비가 스며든다
메마른 잎사귀가 떨궈져 나가고
푸르름이 되살아난다

오랜 기다림의 보답인가
남은 자의 영광인가
빗방울에 목을 축이다 보면
신세 따위는 잠시 잊어버린다

그렇게 반짝 찾아온 비는
흔적 없이 사라지지만
기나긴 고독과 마주하며
당신의 소중함을 깨달았기에
다시 만날 때는
한층 성숙되어 마주하고 싶다

그런 친구로 남고 싶다

이 세상에서
당신을 가장 아끼는 사람이
나였으면 좋겠다

무덤덤한 일상에
푸릇한 의미가 생겨나고
숨 쉬는 공간이
행복할 수 있겠지

어떠한 상황에서도
당신의 편이 되어
마지막까지 곁을 지키는
그런 친구로 남고 싶다

오늘

오늘은
온종일 웃음이 피어나고
뜻밖의 행운이
당신을 기다릴 거예요

오늘이
수많은 날 중 하루지만
마지막 날이 될 수 있으니
심각한 고민에 빠져
햇살의 따사로움을 놓치지 마세요

오늘만
바라보며 살다 보면
지칠 수 있으니
뜻대로 되지 않으면
잠시 쉬어 가는 여유를 가지세요

망울이 터지다

작은 씨앗이 날아와
살며시 뿌리를 내리더니
어느덧 나의 일부가 된다

그 친구 마음이 맑아
나도 모르게 밝아지고
그 친구 기운이 좋아
덩달아 힘이 솟는다면
멀리서 찾아온
운명의 씨앗임이 분명하다

열매를 맺기 위해
정성을 쏟다 보면
이름 모를 개체들이 깨어나
새로운 나로 변해간다
내 마음속의 망울이 터진다

언덕에 올라

언덕에 올라
서쪽 하늘을 바라보니
조각구름 사이로
제비 한 쌍이 비행을 즐긴다

울적한 마음 달래려
혼자만의 시간을 갖고 싶었는데
무심코 내뱉은 한숨 사이로
참아왔던 울분이
한꺼번에 쏟아진다

어디서부터 잘못되었는지
무엇이 문제인지
구름에 따져 묻고 싶지만
찬 바람만 휑하니
시린 곳을 파고든다

존재한다는 것

비가 있어
햇살을 그리워하고
밤이 있어
생각이 깊어진다

꿈이 있어
의지가 생겨나고
당신이 있어
내가 숨을 쉰다

무엇인가 존재한다는 것
그것이 당신이라
이 얼마나 행운인가

변덕쟁이

때 이른 개나리는
찬 바람에 몸살을 앓고
행복한 순간들은
소리 없이 사라진다

영원할 것 같지만
아무것도 남지 않고
메마른 가슴에도
참사랑은 피어난다

햇살은 햇살대로
바람은 바람대로
흘러가면 그뿐이지만
한 마음 변함없어
그게 신기할 따름이다

내 마음이 이랬구나

너의 행복을 빌며
시간이 지나면
자연스레 잊힐 거라 믿었는데

여전히 가슴 한가운데
뜨거운 숨결로 남아
그리움을 자극하고
심장을 지배하고 있구나

아무렇지 않은 척
마음을 다잡지만
네 생각만으로 미소가 번지니
눈치 없는 순정을
어찌 감당할 수 있을까

봄을 맞을 준비

목 축인 가지 사이로
피어나는 아지랑이
바람을 타고 온 햇살이 따사롭다
얼마만의 자유인가
만신창이가 되고 난 후
처음으로 기지개를 켠다

이제 웃어도 되는 것인가
풀잎에 맺힌 이슬방울이 더없이 영롱하다
모진 한파와 싸우며
마지막 한숨까지 털었는데
무엇을 더 앗아 가려 하는가

푸릇푸릇한 새싹들과
일찍 깨어난 벌레들의 실랑이
저마다 봄을 만끽하느라
정신이 없는데
내 마음 아직 봄을 맞을 준비가
되어있지 않은가 보다

어떠한 경우에도

어떠한 경우에도
자신이 가장 소중하다는 걸
잊어서는 안 된다

타인에 대한 배려도
때로는 간섭이 될 수 있어
믿고 기다려 줄 수 있는
여유가 필요하다

남을 도와준다는 핑계로
자신을 외면하지 마라
그것이 타인을 위한 길이고
자신을 위한 길이다

달빛이 내려앉아

풍선에 바람이 차면
엉덩이를 들썩이듯
상념 속에 당신이 들어와
심장을 뛰게 한다

의미 없는 나날을 보내며
행복이 뭔지 몰랐는데
고즈넉한 호수에 달빛이 내려앉아
잔물결을 일으킨다

애틋한 눈빛으로
나 여기 있다고 외쳐대니
달무리가 미소를 띠며
처진 어깨를 어루만진다

그깟 마음 잡기가

한숨 돌리면
불쑥 튀어나오고
애써 달래면
숨죽인 채 눈치만 본다

그깟 마음 잡기가
뭐 그리 어렵다고
작은 흔들림에도
쉽게 무너져 내린다

사람들은 저마다
다를 수밖에 없는데
그걸 알면서도
틀에 맞추려는 자신이
한심할 따름이다

어둠이 있어

어둠에 갇혀
만신창이가 되어가지만
고독과 마주하며
삶의 본질을 깨닫는다

우리의 사랑이
나 하나의 믿음이라면
태양을 피해 다니고
못다 한 사랑이 운명이라면
별을 찾아 떠나겠지

그곳을 당신에게 허락한다

마음속 작은 쉼터
그 속의 비밀 아지트
그곳을 당신에게 허락한다

너무나 성스러워
나조차도 쉽게 다가설 수 없지만
당신에게만 반응하는 심장이
익숙한 손길을
애타게 기다린다

봄을 닮은 당신
누구보다 맑고 따스하지만
마음이 여려
외로움과 벗이 된다
그 마음 채울 수 있는 가을로 남아
영원토록 곁을 지키고 싶다

아무리 생각해도

봄바람처럼 왔다
스쳐 지나면 좋으련만
가슴 한가운데에 박혀 빠져나오질 않는다
끊임없이 시험하고
마지막까지 흔들어대지만
고요의 바다에서 찾아낸 한 줄기 빛이
당신이란 걸 깨닫는다

어둠이 있어 햇빛의 소중함을 기억하고
고독이 있어 진실을 들여다본다
얄팍하게 사랑하고
그것이 진심이라 우기며
거들먹거리지 않았는지
다시 한번 둘러보지만
당신이라는 결론에는 변함이 없다

닮은 듯 다른 듯

닮은 듯 다르고
다른 듯 닮은 우리
닮아서 통하고
다르기에 더 끌린다

가끔 생각 차이로
얼굴을 붉힐 때도 있지만
내가 잘되기를 바래
어렵사리 꺼낸 말이란 걸 알기에
당신의 관점에서 들여다본다

낡은 고집이 있어
쉽사리 변하지는 않지만
마음을 여는 과정에서
굳어진 생각들이 조금씩 말랑해진다

구름 속 알갱이

헤어짐의 상처가 알갱이 되어
검은 구름으로 피어난다
외롭고 쓸쓸할 때마다 걱정을 머금어
더 이상 버틸 힘 없을 때
차디찬 눈물을 토해낸다

한껏 울고 나면
마음이라도 시원할 텐데
소중한 추억이 날아갈까 봐
아끼고 아끼다 고독만 쌓여간다

촉촉한 방울 속에
뜨거웠던 시절의 사연이 녹아있어
그들의 가치를 헤아리다 보면
잊고 지냈던 당신의 미소가 떠오른다

오월의 정령

오월의 정령들이
핏빛으로 물들어
붉은 장미로 깨어난다

겹겹이 쌓인 꽃잎 사이로
속살을 숨긴 채
태양을 향해 울부짖고
내일을 위해 물기를 머금는다

그 누가 알겠는가
천 년을 지켜온 순정이
한 사람의 눈빛 속에서
별이 된다는 사실을

처음이기에

화려한 성공은 아니어도
소소한 일상에 의미를 부여하고
하나라도 실천하는
나만의 여행을 꿈꾼다

처음이기에 두렵고
방향을 잃어 헤맬 때도 있지만
시작이 있어 나아가고
실패 속에서 생각을 다듬는다

인생에는 정답이 없어
스스로 결정하고 책임지면 될 텐데
혹시나 잘못될까
쉽게 발을 떼지 못한다
문제는 선택이 아니라
실천할 의지가 중요한데 말이다

아닌척할수록

생각만으로 미소가 번지는데
아닌 척, 모르는 척
외면하는 자신이 가련하다

잊으려 할수록
또렷이 새겨지는 상이
혼돈의 세계를 지배하며
당신이어야 하는 이유를 상기시킨다

속마음 감추려
생각을 다른 곳으로 돌려보지만
본심이 한 사람을 향해있어
몸부림칠수록
외로움의 강으로 흘러갈 뿐이다

행복한 이기주의자

그럭저럭 산다는 게
쉽지가 않다
평생 그렇게 살 수 있다면
약간의 불만 따위는 감내할 수도 있겠지만
작은 변화에도 흔들리니
흩어진 마음을 어떻게 되잡을까

그런저런 삶 속에서
소심한 일탈을 꿈꿔본다
대중들의 요란한 관심사에서 벗어나
자신의 마음을 먼저 헤아리고
작은 것 하나라도 실천하는
행복한 이기주의자로 거듭나고 싶다

사실 말이야

너 모르지
무뚝뚝하고 표현은 서툴지만
누구보다 속 깊고
마음이 여리다는 걸

완벽 회로에 갇혀
스트레스를 달고 살지만
양보하는 데 익숙해져
자신의 안위는 뒷전이란 걸

그런데 말이야
네 마음속 맑은 영혼이
누군가에게 힘이 되고
기대고 싶은 믿음을 준다

사실 너 좀 멋져

닮아간다

성격도 생김새도
꿈도 달랐다

예쁘고 귀여운데
생각까지 맑아
자연스레 끌렸다

조금씩 배려하며
결을 맞추다 보니
점점 당신을 닮아간다

팔베개

무거운데 무거운 줄 몰라
힘든데 힘든 줄 몰라

두근두근 새근새근
콩닥콩닥 달콤달콤

네 눈빛, 네 숨소리, 네 향기 속에
내 행복이 아른거린다

걱정 삼매경

생각이라는 것이
떠오르는 순간 과거가 되고
지난날은 바꿀 수 없기에
걱정만 하다 보면
좀처럼 나아갈 수가 없다

대부분의 걱정들이
별거 아닌 일들로 가득하고
할 수 있는 방법보다
안 되는 이유를 찾다 보니
실천을 머뭇거리게 한다

걱정이 많다 해서
더 좋은 답을 찾는 것도 아니기에
고민 속에 파묻혀
타이밍을 놓치지 마라
지금까지 충분히 고민해 왔기에
당신의 선택은 언제나 옳다

왠지

왠지 끌리는 사람이 있다
함께하면 행복세포가 깨어나
고통의 터널을 잃어버리고
잠시라도 떨어지면
강한 이끌림에 잠을 설친다

섹시한 뇌의 반란
단순히 마음만 들뜨는 게 아니라
자질구레한 것들에 의미가 깃들고
상상하던 일들을
펼치고 싶은 용기가 생긴다

그 마음 뭔지 몰라도
움츠려있던 심장에 활력이 되고
나른한 일상에 리듬을 만든다
우연히 찾아온 아름다운 구속이
생각의 자유를 일깨운다

봄이라 그런가

봄이라 따스한가
따스해서 봄인가
당신이라 생각나는가
생각하다 보니 또 당신인가

모든 결과에는 원인이 있건만
당신을 향한 마음에는
이유를 찾지 못한다

꽃잎이 날리고
노랑나비의 날갯짓이 힘찰수록
자꾸만 아른거리니
이 마음 무엇으로 감당할까

다 이유가 있다

그때는 그때 나름대로
지금은 지금 나름대로
다 이유가 있다

어제의 나도 나이고
오늘의 나도 나인데
순간의 감정이 다르다 해서
뭔가 잘못된 것이라
판단하지 않았으면 좋겠다

지금의 생각이
내일 또 달라지더라도
나름 이유가 있기에
자연스레 받아들이면 어떨까

갈등하는 마음

내가 보고
내가 아는 세상이
전부이면 좋겠다

그럼 그 속에서
계획한 대로 살면 될 텐데
세상은 나를 외면하고
기다려주지 않는다

자신도 모르면서
세상에서 답을 구하니
그 사이에서 갈등하는 마음은
얼마나 피곤할까

내 이야기 만들기

나이가 들수록
한자리에 머물며 걱정만 늘어난다
인생 2막을 향해
화려한 반란을 꿈꾸지만
정작 나는 없고
세상 이야기들로 가득하다

뜻밖의 행운이나
일확천금을 바라는 건 아니라도
그래도 하나뿐인 내 인생인데
내 생각대로, 내 의지대로
내 이야기를 펼칠 수 있는
그런 하루가 되었으면 한다

바보같이

나 당신 알아요
아니, 잘 몰라요
안다는 것이 선입견을 만들어
다가서는 걸 주저하게 한다

차라리 몰랐다면
아니, 모른다면
앞서 고민하지 않고
마음 가는 대로 표현하며
찾아갈 수도 있을 텐데

놀랄까 봐
심란해할까 봐
그저 멀리서 바라만 본다

경계선에서

생각이 머무는 그 너머에서
새로운 세상이 펼쳐지고
마음을 맞춰가는 그 안에서
진솔한 감성이 깨어난다

보이지는 않지만
스스로 설정한 경계선이
원초적 두려움을 자극해
변화를 꺼리게 한다

선택의 기로마다
보이지 않는 선에 막혀
포기한 적은 없는가
지나고 나면 그저
후회의 산물로 남을 뿐인데

다를 수 있어 다행이다

내 생각과 네 생각이
내 아픔과 네 아픔이
내 사랑과 네 사랑이
다를 수 있어 다행이다

이별 후에도 누구처럼
한 사람만 떠올리며
지난날을 그리워하는
바보로 남지 않을 거라 믿기에
그나마 다행이다

너는 부디 아프지 마라

오늘은 오늘대로

먼 훗날의 성공을 위해
오늘을 꼭 희생할 필요는 없다
오늘은 오늘대로
내일은 내일대로
그 나름대로 의미가 있기에
마음의 끌림에 따라
자연스레 스며들 수는 없을까

혹여 잘못되면 큰일 날 것 같지만
스스로 감내할 능력이 되고
그런 과정을 통해
한 단계 성장하는 것이다
무엇보다 지독한 외로움을 통해
자신의 곁에
자신이 있다는 걸 느낄 때
당신은 또 다른 시선으로
세상을 바라볼 수 있을 것이다

순수감성이 깨어나다

꽃잎이 깨어난다
아침 햇살에 살포시 눈을 뜨더니
감춰온 속살을 드러내며
숨결에 체취를 담아
멀리멀리 흘려보낸다

그 향 다른 것과 달라
한 사내의 가슴에 파고들어
숨겨온 본능을 일깨운다
심장이 꿈틀거리고
마음의 바다에 잔물결이 일어난다

처음인 듯 처음이 아닌
익숙한 듯 익숙하지 않은
성스러운 울림들이 피어난다
나도 모르던
또 다른 내가 태어난다

이런 날도 있어야지

오늘은 온종일
아무 일도 하지 않고
멍때리며 보내고 싶다

뭔가 떠오르더라도
무심히 흘려버리고
고민거리도 내버려둔 채
마음껏 자유롭고 싶다

여느 때와 다른 모습에
살짝 긴장감이 돌지만
이런 날도 있어야
다른 날이 돋보이겠지

간절한 희망

봄비가 촉촉하다
얼어붙은 대지가 녹아내리고
잠에서 깨어난 개구리가
모처럼 기지개를 켠다

홀로 고독과 마주하며 버텨온 날들이
파노라마처럼 흘러간다
어떤 고난이 닥쳐와도
함께하면 힘을 낼 수 있었는데
그 하나가 사라지니
삶의 의미를 잃어버렸다

더 이상 태울 게 없어
세월에 몸을 맡기지만
마지막 남은 소망이 있어
간절하게 기도해 본다
당신이 늘 행복하기를

성숙되지 않아

햇살이 따스할 땐
감미로움으로 넘쳐나고
비가 촉촉할 땐
추억 속으로 빠져든다

안개가 자욱할 땐
온통 불안으로 뒤덮이고
아침이 짜증 날 땐
하루를 날려먹는다

상황이 좋고 싫어서가 아니라
내 마음 아직 성숙되지 않아
작은 변화에도 쉽게
흔들리곤 한다

우리들만의 세상

가슴 속에 별을 품어본다
그 친구가 웃으면
덩달아 미소가 번지고
그 친구가 우울해하면
슬픈 눈물마저 타들어 간다

내 마음 분명 내 것인데
유독 한 사람에게 민감한 것은
그 친구가 내 심장을 침투해
비밀번호를 해제하고
자신만 쳐다보도록
프로그램을 수정했기 때문이다

두 마음 닿는 곳에
생각을 나누는 달빛 쉼터를 만들어
에너지를 활성화하면
훌쩍 커버린 자신과 마주한다
아무도 침범할 수 없는
우리들만의 세상이 펼쳐진다

팬을 위하여

당신 곁에는
어떠한 상황에도 지지하는
한 팬이 있으니
걱정 따위는 벗어던지고
하고 싶은 일 마음껏 펼쳐보세요

터무니없는 잔소리에 파묻혀
에너지를 낭비하지 말고
지난날에 대해
아쉬워할 필요도 없어요

힘들고 지칠 때에는
잠시 쉬어 가고
길을 막는 악당들이 나타나면
흑기사를 불러주세요
언제 어디서든 달려갈게요

사랑이 있어

사랑이 있어
향기로 물들고
이별이 있어
고독을 만끽한다

그깟 사랑
지나면 그뿐인 줄 알았는데
가슴 한가운데에 박혀
떠날 생각이 없구나

매년 돌아오는 벚꽃이
더없이 화사해도
떨어지는 꽃잎에
자꾸만 눈길이 간다

화려함은 순간이지만

모진 겨울을 버티며
한 날만 손꼽아 기다렸는데
며칠 반짝 꽃 피우더니
바람에 몸을 떨구고
비에 젖어 색을 잃는다

화려함은 순간이지만
여운은 열매로 남는가 보다
아끼던 벗을 보내고
삶의 의미를 잃었었는데
고즈넉한 달빛 미소가
그 빈자리를 채운다

소원이 있다면

지금 그대로
있는 그대로
항상 그대로
한결같은 네가 좋다

살짝 변해도
살짝 틀려도
살짝 흔들려도
자연스러운 네가 좋다

언제나 그렇듯
당신 곁에는
당신의 행복을 바라는
한 친구가 있으니
오늘 하루는
마음껏 웃을 수 있기를

내 마음속에

따스한 햇살이 스며든다
혹독한 겨울을 버티며
마지막 남은 잎사귀까지 떨구고 나니
메마른 가지에도 새싹이 돋아난다

다시 꿈꿀 수 있는 자유가 생긴 것인가
피폐해진 마음을 추스르고
흩어진 영혼들을 모아
새출발의 의지를 다진다

소소한 일상에 의미를 부여하고
더 나은 내일을 위해 의욕을 불태우지만
그럴수록 떠오르는 한 사람이 있다
내 마음속에 이미 봄이 숨 쉰다

3장

마음 가는 대로

여름의 길목에서

잔뜩 찌푸린 하늘
송골송골 맺힌 땀방울
물기를 머금더니
금세 울음을 재촉한다

봄날의 추억은
연꽃이 되어 물 위를 밝히고
그날의 소중한 감정들은
물결로 남아 가슴을 적신다

가는 세월이야
어찌 막을 수 있겠냐마는
사랑을 일깨워 준
한 사람의 눈망울은
고독 속에서 더욱 반짝인다

이유를 알 수 없어

왜 하필 당신이고
왜 자꾸만 생각나는지
그 이유를 알 수 없어
비밀이 밝혀질 때까지 곁을 지켜야겠다

어떻게 마음에 들어와
설렘을 자극하고
생각을 지배하는지
함께한 모든 순간들이 소중하다

서툴지만 진심이었기에
용기 낼 수 있었고
그 마음 뿔뿔이 흩어지기 싫어
마지막 핑계를 만들어 가슴에 담아둔다

벽을 넘어

항상 멈칫하는 벽이 있다
그 벽 넘으면
또 다른 벽이 생기고
어렵게 해결하면
또다시 나타나 타협을 종용한다

벽이라 생각하는 순간
얼어붙는 감각들
그 너머의 세상을 바라지만
고통의 아픔을 알기에
좀처럼 나아가지를 못한다

사실 그 벽 내가 만들고
그 선 내가 긋는다
한참을 지나 둘러보면
시도하지 못한 아쉬움만
덩그러니 남을 뿐인데

빛바랜 사진 속에서

빛바랜 사진 속에서
지난날의 추억을 떠올린다
그 속의 주인공은
찬란한 시절의 한 여인이 아니라
지금도 갈망하는
최고의 천사로 남아있다

맑은 눈망울과
살짝 드러낸 수줍음
매너리즘에 빠져
뭘 해도 흥미를 느끼지 못했는데
한 사람을 상상하는 것만으로
이렇게 미소가 번지니
어찌 잊었다 할 수 있겠는가

새로움

새로운 일을
새롭게 시작해야
새로움이 아니고

특별한 일을
특별하게 펼쳐야
특별함이 아니다

자신의 별을 찾아
여행할 용기가 생길 때
그 속에서 깨어나는
풋풋함이 아닐까

핑계 속의 본질

아파서, 바빠서, 시간 없어서
오늘도 그렇게 핑계를 댄다

누구나 감추고 싶고
말 못 할 사정이 있는데
끝까지 들춰내
실컷 참견만 하고
비아냥거리는 게 싫을 뿐이다

핑계 속의 본질
진실보다 소중한 자존감
그것을 믿고 기다려줄 수 있는
그런 친구로 남고 싶다

오르락내리락

날씨도 오락가락
기분도 오르락내리락
늘 한결같으면 좋으련만
시시때때로 변하며
마음을 뒤숭숭하게 한다

조금은 다른 사람으로
기억되고 싶었는데
별거 아닌 일에 흥분하고
지난 일에 집착하는
소인배의 변명을 늘어놓는다

겉으로는 멀쩡해 보이지만
출렁이는 파도에 표류한 지 오래다
흐름에 몸을 맡기고
깊은 잠에 빠져들고 싶어도
바라는 삶이 있어
다시 한번 정신 줄을 잡아본다

우연이 아님을 증명하다

더 빨갛게, 더 노랗게
저마다 화려함을 뽐내다
한순간 사라지고
온통 초록으로 바뀌었다

지나고 나면 한 철이고
남는 건 추억뿐이라지만
끌림에 따라 솔직하게 다가가
아낌없이 불태울 수 있는
소중한 시간이었다

모르고 지나쳤다면
아무렇지 않았을 것들이
우연이 아님을 증명하다
별이 되어 가슴에 쌓였나 보다

세상이 바쁘더라도

시간이 부족하면
중요한 일부터 먼저 하고
방향을 잃으면
한 템포 쉬어 가면 어떨까

아무리 복잡한 문제도
중심에서 벗어나
상황을 객관적으로 둘러보면
마음이 한결 가벼워진다

세상이 바쁘더라도
차 한잔 할 수 있는
여유 정도는 가지고 살자
찻잔이 비워질 때
당신의 고민도 함께 비워지기를

남은 날들을 위해

한 해를 시작하며
365일의 새날을 선물받았는데
벌써 반 이상이 지나버렸다

붉은 기운에 도취되어
소원을 빌 때는
간절함이 절실했는데
생각만 요란했지 이룬 게 없다

돌이켜 보면 아쉬움이 가득하지만
그래도 남은 날들이 있어
머물러 지낼 수도 없다
오늘부터 다시 다이어트를 시작해야지

그 하나가

보고 싶어도
놀랄까 봐
다가서지 못한다

걱정되어도
힘들까 봐
바라만 본다

행복을 빌며
멀리 떠나면 되는데
고독 속에서
찾아낸 진실이 있어
그 하나가
쉽지가 않다

참사랑

사랑, 그게 뭔지 몰라
시큰둥했었는데
당신과 함께하다 보면
이름 모를 감성들이 깨어난다

서로에게 이끌려
함께 성장할 수 있었는데
그 반쪽이 사라지니
중심을 잃어버렸다

무엇이 진실이고
무엇이 운명인지 알 수 없지만
밤이 되면 미치도록 보고 싶고
비가 오면 쓰라린 걸 보니
내 마음 아직 그대로인가 보다

욕심 채우는 날

꿈을 이루며
재미있게 살 수는 없을까
세상을 바꾸지 못하더라도
자신의 마음만큼은
알아주고 싶다

오늘은 걱정에 둘러싸여
머뭇거리기보다
작은 것 하나라도 실천하는
욕심 채우는 날로
기록되고 싶다

처음처럼

처음처럼 그때처럼
한결같을 수는 없지만
변함없는 한 마음 있어
그래도 살아간다

어둠이 짙어질수록
별이 더욱 빛나듯
고독의 능선을 걸으며
당신의 가치가 또렷해진다

곁에 누군가 있어

화려한 성공은 아니라도
과정에서 의미를 찾고
많은 사람들의 칭찬보다
한 사람의 믿음에 힘을 얻는다

아무리 힘들어도
포기할 수 있는 권리가 있고
순간 전부일 듯 보여도
살다 보면 살아지는 게 인생이다

곁에 누군가 있어
도전할 수 있는 용기가 생기고
그것이 당신이라
신에게 감사할 따름이다

인생 방정식

삶의 작은 차이는
자신으로 인해 발생하는데
그것을 인정하지 못하고
환경을 탓하거나
운으로 돌리기 일쑤다

인생 방정식은
수학이 아니라 미학이고
상수 너머 변수이기에
절대 공식에서 벗어나
자신을 지지하는
자격을 갖추는 과정이다

내 인생의 리듬

익숙한 음악에 흥얼거리고
난해한 미술작품에 빠져드는데
정작 내 인생에는
리듬도 없고 색깔도 없다

외부 자극에 반응하며
그들과 보조를 맞추다 보니
속마음은 점점
외로움과 벗이 된다

더 나은 내일을 위해
화려한 비상을 꿈꾸지만
아무것도 하지 않은 채
마냥 지켜보는 방관자로 남는다

떨어져 있지만

내가 아프다고
아파하지 마세요
내가 힘들다고
힘들어하지도 마세요
아프고 힘들 때마다
누군가를 떠올리며 웃을 수 있기에
그 기쁨 빼앗아 가지 마세요

그렇다고
너무 행복해하지도 마세요
힘들었던 날들이
모두 내 잘못인 것 같아
기분이 씁쓸해지네요

떨어져 있지만
마음은 늘 함께 있어
당신의 작은 변화에도 신경이 쓰이네요
그냥 그때처럼
당돌한 모습으로 곁을 지켜주세요
그래야 내가 살 것 같아요

지구에서

지구에서 별을 만나
달을 노래하다 꽃잎이 된다

햇살도 바람도
그때그때 다르지만

품속에 그대 있어
그 마음으로 살아간다

파도에 흩어져

파도가 밀려와
때리고 또 때린다
차곡차곡 쌓아온 모래성은
한순간에 무너지고
지나온 발자국은
흔적 없이 사라진다

물결선 너머로 넘지 않았다면
아무 일도 없었을 텐데
심장의 두드림에
자연스레 젖어들었다

저항 한번 못 한 채
모든 것을 잃어가지만
함께 거닐던 해변가의 정겨움과
발가락 사이로 삐져나오는
모래알의 감촉은
석양 속에서 물들어 간다

자꾸 생각나

안다지만
다 알지 못하고
본다지만
다 보지 못한다

신경을 써야
제대로 알 수 있고
관심을 가져야
제대로 볼 수 있다

간밤의 빗소리는
흘려듣지만
당신의 안부는
자꾸만 궁금해진다

하나뿐인 내 인생인데

내 시간, 내 공간, 내 감정
분명 내 것인데
타인의 시선에 이끌려
점점 외면하게 된다

생각대로 행동하고
느낌대로 표현하고 싶어도
눈치에 길들여진 이성은
홀로서기를 거부한다

세상의 흐름이야
어찌할 수 없더라도
그래도 하나뿐인 내 인생인데
나답게 살다
나답게 떠날 수는 없을까

꽃과 정원사

온실 속 화초보다
스스로 설계하고 가꾸어가는
정원사가 되고 싶다

가끔 혼돈 속에
흔들림은 있겠지만
아픔을 극복하는 과정에서
삶의 의미를 느끼며
성장할 수 있겠지

아무리 힘들더라도
스스로 선택할 수 있다는 것이
얼마나 큰 행운인가
화려한 꽃들의 유혹보다
벌들의 날갯짓이 역동적이다

내 안에

신이 천지를 창조할 때
시간을 만들어 인간을 통제하고
각기 다른 능력을
그들의 마음속에 심어두었다

아무도 침범할 수 없는
오직 나만의 공간에
나도 모르는 소중한 가치들이
잠들어 있는 것이다

아직은 무르익지 않아
드러낼 수 없지만
삶을 바꾸고 미래를 변화시킬
나만의 에너지가 꿈틀거린다

바보처럼 산다

같은 영화를 보면서
누군가는 내용에
누군가는 음악에
누군가는 주인공에 관심이 간다

같은 꽃을 보면서
누군가는 화려함에
누군가는 향기에
누군가는 분위기에 빠져든다

너무나 당연한 이치인데
오늘도 쓸데없이
타인의 인생에 끼어들어
설득하느라 핏대를 세운다

하필

그 많은 별 중에
하필 여기

그 많은 시간 중에
하필 지금

그 많은 사람 중에
하필 당신

우연인 듯 인연인 듯
마음이 닿아
하나뿐인 내 짝이 되었다

온통 뒤죽박죽이다

비가 내린다
거리를 오가던 사람들이
하나둘 사라지고
굴러다니는 낙엽들이
빈자리를 채운다

화려한 날에는
웃음으로 가득 찼는데
갑작스러운 비에
적막감이 몰려온다

초점 잃은 생각들이
빗방울 튕기듯 흩어지고
찬란한 추억들은
흙탕물에 섞여 떠내려간다

일벌로 살아가기

역동적인 세상
겉으로 드러나는 모습보다
마음의 안정이 절실하다
가면 속의 내면은
고독과 싸우며 정체성을 잃어간다

순간의 희생으로
더 나은 내일을 꿈꾸지만
장막 뒤의 세상은
아무도 알 수 없기에
조여오는 불안과 끊임없이 마주한다

누군가는 여왕벌로
누군가는 일벌로
각자의 자리에서 소임을 다하지만
가끔씩 찾아오는 공허함은
마음의 절규를 불러낸다
나 참 답답하게 산다

이기적 시간 갖기

죽음이 있어
삶이 간절해지고
고독이 있어
둘러볼 시간이 생긴다

성공을 좇으며
채우기에 급급했는데
정작 나는 없고
주변인만 가득하다

한 번뿐인 인생
누구를 위해 사는가
자신을 먼저 챙겨도
늘 외로운데 말이다

리듬을 맞추다

어제의 나, 오늘의 나
그리고 내일의 나
늘 같을 수 없어 불안하지만
다를 수 있다는 희망이
살아갈 이유를 품게 한다

이어온 발자국이 있어
방향을 트는 게 쉽지만은 않지만
새로운 시도 과정에서
이름 모를 세포들이 깨어나
또 다른 나로 거듭날 수 있지 않을까

미래는 알 수 없지만
마음속에 들어와
고루한 생각을 뒤흔든 순간부터
이미 나를 지배하고 있기에
그 리듬에 맞추고 싶다

좋은 사람과

좋은 사람과
좋은 곳에서
좋은 시간을 보내고 싶다

굳이 아닌데
억지로 맞춰가며
안절부절못하는 자신이
답답해 미칠 지경이다

그런데 어쩌랴
세상에 마음을 열고
생각을 나누고 싶은 사람이
당신밖에 없으니

헛똑똑이

그 사람 잘 알아요?
아니, 잘 몰라요

자신은 잘 알아요?
아니, 살피지 않아요

모르면서 아는척하고
챙겨야 될 이는 외면한다
늘 그랬던 것처럼

이중적 미소

조금 더 환하게
조금 더 상냥하게
여느 날처럼 미소를 띤다

답답해 미칠 것 같고
속은 타들어 가는데
영혼 없는 웃음이 가증스럽다

그 누가 알겠는가
이 표정이 밖으로 향할 때
누구보다 온화하고
자신을 들여다볼 때
굳어있다는 사실을

7월의 캐럴

울고 싶으면 마음껏 울어
선물 따위는 걱정 말고
누가 알아주면 뭐 해
자신도 모르는데

일 년에 한 번 찾아오는
특별한 날을 위해
오늘을 희생할 필요는 없잖아

생각 가는 대로
마음 가는 대로
그렇게 살아도
그 속에서 의미를 찾는다면
그것으로 충분하지 않을까

그때나 지금이나

그때 그 시절
감미롭던 그 음악
라디오를 통해 흘러나오는데
아무런 감흥이 없다

그때 그 강물
길가의 코스모스
여전히 손을 흔드는데
눈길이 가지 않는다

그때나 지금이나
세상은 그대로인데
곁에 네가 없어
의미를 담지 못한다

정해져 있어

머무는 곳이
정해져 있어
생각이 고정된다

만나는 사람이
정해져 있어
생각이 치우친다

얽매인 삶 속에서
별을 동경하다
아무것도 하지 않은 채
쓸쓸히 잠이 든다

쉼이란

빽빽한 일정에서
한 줄을 끊어내고
휴대 전화의 구속에서
벗어날 수 있을 때
나른하게 피어나는 자유다

푸른 하늘과 맑은 햇살이
제 역할을 다하고
갈 길 바쁜 생각이
따라오는 영혼을 기다려주는
겸허한 시간이다

아니다
사랑하는 사람과
같은 시간, 같은 공간에서
서로의 호흡을 느낄 수 있는
바로 그 순간이 아닐까

창밖 세상

고개만 돌리면
온통 푸르름으로 가득한데
그 풍경 하나
마음껏 누리지 못하고
화면 속에 빠져있다

시간을 쪼개어
효율적으로 관리한다지만
생각을 다듬기도 전에
또 다른 불안과 조우한다

창밖 세상은
자신의 존재감을 알리며
끊임없이 문을 두드리는데
바쁘다는 핑계로
먹고산다는 이유로
삶의 늪에서 헤어나지를 못한다

당신이라서 참 좋다

이 세상에서
내 마음을 들키고 싶은
유일한 친구이기에

조금 부족하고
조금 서툴러도
있는 그대로 표현해 본다

당신이라서 참 좋다

매 순간 걱정이다

매 순간 새롭다
어제도 처음이었고
오늘도 처음이고
내일도 처음일 게다

그래서 늘 불안하다
어른이 되면
조금 나아질 줄 알았는데
예기치 못한 일들에
허둥대기를 반복한다

미래를 알 수 있다면
불안이야 줄어들겠지만
뻔한 인생이 뻔한 생각을 만들어
희망마저 빼앗아 갈까
또 걱정이다

이런 친구였구나

예쁜 얼굴보다
수줍어하는 모습에 설렌다
해결은 아니더라도
걱정스러운 눈빛에
진심이 묻어난다

누구에게나 베푸는
흔한 친절보다
나만을 위한 배려가
행복세포를 일깨운다

네 눈빛이 나를 향할 때
마음이 따뜻해지고
네 숨결이 심장에 닿을 때
사랑이 피어난다

잘 안다면서

잘 안다면서
제대로 설명도 못 하고
잘 안다면서
따라 하기에 급급하다

검색창만 열면
누구나 찾을 수 있는 사실을
자신만 아는 것처럼
호들갑 떨지만
작은 변화에도 쉽게 움츠러든다

그렇게 스스로 만든
거울에 갇혀
화장만 짙어질 뿐
본질을 잃어간다

여태 잘 왔다

여태 잘 왔다
무미건조한 일상과
고비도 많았지만
네가 있어 힘을 낼 수 있었다

상상 속의 꿈들도
도전할 수 있는 용기가 생겼고
힘든 일이 닥쳐도
마음을 나눌 수 있어 외롭지 않았다

대단한 성공을 바라지는 않았지만
너의 숨결 속에서
잠자는 영혼을 깨울 수 있어
그것으로 만족한다

나답게 살아도 되지 않을까

산과 바다는 영원하고
꽃과 나무는 잘 어울리는데
홀로 세상을 탓하며
즐기지를 못한다

나 하나 사라지더라도
강물은 유유히 흘러가고
계절은 또다시 돌아오는데
지난날에 사로잡혀 머물러 지낸다

세상을 바꿀만한 용기도 없고
나서고 싶지도 않지만
그래도 하나뿐인 내 인생인데
나답게 살아도 되지 않을까

당신 참 예뻐

당신 참 예뻐
자꾸 거울을 보는데
그럴 필요 없어
당신에게서만 느껴지는
포근한 미소와 달콤한 향은
신이 주신 선물이다

거울에 비친 모습은
당신의 진가를 담을 수 없기에
마음의 소리에
결을 맞출 수는 없을까

당신 곁에는
당신의 숨은 가치를
누구보다 잘 아는 한 친구가
항상 응원하고 있으니까

바람개비

바람이 불 때마다
정신없이 돌아가고
잠시 쉬고 있으면
햇살의 눈치가 따갑다

날개를 펼치고
마음껏 욕망을 드러내고 싶지만
막대 끝에 매달려
오르지도 내리지도 못한 채
점점 외톨이가 되어간다

순간 너의 속삭임이
순수본능을 일깨워
그 시간만큼은
하나 된 행복감을 만끽해 본다

세 시에 만나

세 시에 만나 사랑에 빠지고
네 시에 이별을 통보받고
다섯 시에 홀로 석양을 바라본다

주마등처럼 흘러가지만
너와 함께한 모든 순간들이
추억의 밀알이 되어
몸속 어딘가로 스며들었나 보다

흐릿해지는 기억들은
아름다운 지난날을 각색하기에
그때의 우리로 남고 싶어
글 속에 담아
오래오래 되새긴다

혼밥에 익숙해지다

앞에 네가 있을 때는
그마저도 행복했었는데
너 없는 빈자리에
적막감이 치고 들어와
쓰디쓴 입맛까지 앗아 간다

혼자서 밥을 먹는 것이
뭐 그리 좋겠냐마는
이방인과 설익은 요란을 떨기보다
홀로 사색하는 시간이
한결 홀가분하다
그렇게 점점 익숙해진다

적막 속에도

밤새 뒤척이다
쫓기듯 눈을 뜬다
창밖은 여전히 깜깜한데
풀벌레 소리 짙게 깔려온다

태양이 잠든 시간
어둠이 지배하고
두려움이 엄습해 오는데
적막을 깨우는 너의 절규가
마음을 흔드는구나

너 그거 아니
고독의 늪에 빠진 한 사내가
아무 말 못 한 채
마음의 문을 잠글 때
그 차디찬 쓰라림을

네 거, 내 거

내가 네 거라는 거 잘 알지
말로만 그런 게 아니라
처음부터 난 이미 네 거였어

미치도록 보고 싶고
챙겨주고 싶어도
그게 맘처럼 쉽지가 않네
그럴 때마다
항상 웃게 해줄 거라던
그날의 약속을 떠올리곤 해
너도 그랬으면 좋겠다

사실 말야
처음부터 넌 이미 내 거였어
그래서 더 소중하고
마음이 갔던 거야

어설픈 독백

잘 지내니
나는 매일매일 즐겁게 보내며
하는 일마다 생기가 넘쳐

어젠 그토록 바라던
비가 내리는데
시원한 물줄기를 따라
해묵은 고민까지 다 떨쳐버리고
따스한 커피로
마음을 위로할 수 있었어

새로운 친구도 만나고
꿈꿔왔던 여행도 마음껏 다니면서
네 생각을 잊은 지 오래다
근데 왜 자꾸 눈물이 나지

4장

나의 봄을 찾아

가을이 오는 소리

태풍이 쓸고 간 자리에
하얀 들국화가 피어난다
무더운 여름을 버티며
그토록 고대하던 날들이건만
온종일 푸른 하늘을 맞이하면서도
텅 빈 마음을 가눌 수가 없다

가을이 오는 소리
남은 에너지를 모두 소진하고
더 이상 버틸 힘 없을 때
살아남은 세포들을 일깨우는
생명의 메아리
그 속에서 나를 들여다본다

회상

산들바람에
가지가 흔들리고
작은 빗방울에
꽃잎이 멍든다

햇살을 그리워하고
달을 사랑한 게
뭐 그리 잘못이더냐

지나고 나면
다 담지 못한 아쉬움이
계절을 타고
찾아오는 것을

가끔은

가끔은 흰 구름이
더없이 부럽다

가끔은 차 한잔이
더없이 따뜻하다

일상에 지치고
숨이 턱 밑까지 차올라도
둘러볼 여유 정도는
가지고 살아야지

메뚜기는 한철인데

메뚜기 떼 갉아 먹던
설익은 풀 내음이
무뎌진 코끝을 자극하며
나른한 오후를 일깨운다

이제는 익숙할 때도 되었건만
여전히 갈망하는 걸 보면
너에 대한 마음이
그리 가볍지 않았나 보다

새로운 시작을 외치면서
너의 자리를 비워두고
정신없이 바쁘다면서
네 생각을 지울 수가 없다

나답게 살기

화장을 하지 않아도
예쁠 때가 있었다
겉멋 들고 생각은 어렸지만
호기가 넘쳐났었다

나이가 들어 주름이 늘고
체력도 예전만 못하지만
그렇다 해서 그 시절로
다시 돌아가고 싶지도 않다

한 가지 아쉬운 게 있다면
더 이상 남의 눈치 보지 않고
표현하며 살고 싶다
이제는 나다워도 되지 않을까

그 느낌 남아있어

무심히 지나쳤던 일들이
소중한 추억으로 다가온다
함께하는 과정에 진심이 녹아들어
작은 것 하나에도
의미가 새겨졌나 보다

별거 아닌 것 같아도
당신이기에 표현하고
믿음이 있어 용기 낼 수 있었다
그렇게 조금씩 맞춰가며
또 다른 나와 마주했다

싸늘한 밤바람 사이로
길 잃은 낙엽들이 뒹군다
시간의 흐름에 따라
자연스레 잊히면 좋으련만
그 느낌 남아있어
스치는 바람에도 아려온다

난 알아요

난 알아요
당신이 순수하다는 걸
화려하지는 않지만
늘 한결같이
한 사람의 마음을 정화하고 있어요

난 알아요
당신이 애쓴다는 걸
작은 일에도 최선을 다하다 보니
지칠 때가 많은데
그때는 내가 쉼터가 될게요

난 믿어요
당신이 잘될 거란 걸
가끔 시행착오도 겪겠지만
실패의 경험을 통해
한 단계 더 성장하게 될 거예요

생각을 정리하는 시간

새벽 다섯 시
앞만 보며 달리다 보니
미처 따라오지 못한 영혼들이
일상과 괴리되지 않도록
생각을 정리한다

신박한 아이디어나
고민 끝에 찾아낸 해결책도
각인되지 않으면 잊히기에
그때의 그 감정을
있는 그대로 담아두려 한다

아직은 서툴지만
스스로를 객관화하여 둘러보고
생각에만 머물지 않도록
마음을 다독이는
오직 나만의 시간이 된다

바램

내 생각 날 때
행복하면 좋겠다

나와 함께할 때
행복하면 좋겠다

나 없이도
행복하면 좋겠다

당신이 항상
행복하면 좋겠다

인생은 자신이 만들어간다

인생은 자신이 만들어간다
정답이 없기에 무엇이든 할 수 있고
부족함을 인정할 때
채울 수 있는 공간이 생긴다

타인의 삶에 관여하지 마라
그들의 인생은 그들에게 맡겨두고
자신의 영혼을 달래보자

어떠한 결정도 본인의 뜻이라면
담담하게 받아들일 수 없을까
때로는 실수도 하고
때로는 눈물도 흘리겠지만
그것이 있어
하나뿐인 내 인생이 되는 것이다

신비한 힘

눈길이 가고
마음이 끌리고
챙겨주고 싶은 사람이 있어
삶이 생기롭다

그 사람이
당신이라 더 그렇다

지금은 비록
멀리 떨어져 있지만
그 존재감에서 뿜어져 나오는
신비한 힘이
나를 지탱하게 한다

마음의 길잡이

촉촉한 가을비가
지난 추억을 소환하고
떨어지는 낙엽들이
그리움을 쌓는다

모든 것들이
흘러가면 그뿐인 줄 알았는데
당신과의 이야기는
마르지 않는 샘이 되어
가슴에 남아있다

지난여름 너의 향기가
돌아오는 가을에도
마음의 길잡이가 되어
나를 숨 쉬게 한다

같은 하늘인데

같은 하늘인데
온통 먹구름으로 덮여있고
같은 꽃인데
전혀 향기를 느낄 수 없다

함께할 때
너무나 당연한 것들이
홀로 되고 나니
그저 그런 일상이 되어버렸다

네 눈동자에 비친
환한 내 모습이
감출 수 없는 진실이었는데
지금은 안개에 가려
허상만 아른거린다

너라서

너라서 사랑스럽고
너라서 특별난 것이다

세상을 살아가며
하고 싶은 대로 다 할 순 없지만
하나만 선택하라면
둘만의 여행을 꿈꿔본다

어떠한 시련도
함께하기에 헤쳐나갈 수 있고
혹시 아니더라도
네가 있으니 그것으로 충분하다

한 사람

어둠이 깔리고
고독이 몰려오면
생각나는 사람이 있다

삶에 지쳐
포기하고 싶을 때
생각나는 사람이 있다

오늘은 그이도
나를 떠올리면 좋겠다
따스한 미소와 함께

주어가 없는 세상

존재하는데
아무도 관심이 없고
갈망하는데
아무런 변화가 없다

흐름에 맞추며
걱정을 달고 살지만
정작 나는 없고
방관자들로 가득하다

나를 중심으로
세상을 바라보고
세상을 통해
나를 둘러보고 싶지만
비교하는 삶에 익숙해져
본질을 잃어간다

계절을 함께하다

지난여름 불볕더위나
억수같이 쏟아지던 비도
시간이 지나면 가물가물해지는데
내 눈에 담긴 너의 미소와
둘이 거닐던 해변가의 파도 소리는
가슴속에 촉촉이 젖어있다

망각의 늪에 빠져
모든 것이 사라진다 해도
진심을 다한 사랑은
좀처럼 떨쳐낼 수가 없나 보다
그 마음 햇살을 품어
다가오는 계절에도 함께하고 싶다

당신이라서

생각하고 또 생각해도
당신이다

고민하고 또 고민해도
역시 당신이다

왜 그런지 왜 특별난지
그 이유는 몰라도
당신이라서 참 다행이다

기적의 사칙연산

작은 힘이라도 보태고
걱정은 들어주고
꿈은 지지하고
아픔은 나누고 싶다

누구에게나
똑같이 할 수는 없어도
당신에게만큼은
꼭 그런 친구로 남고 싶다

모든 일을
완벽하게 처리하려 하는데
굳이 그러지 않아도
누구보다 잘하고 있고
누구보다 멋지다는 걸
꼭 알려주고 싶다

쓸데없는 걱정

꿈도 많고 생각도 깊은데
왜 실천하지 못할까

혹시나 잘못될까 두려운가
아니면 그나마 가진 것을
모두 잃을까 무서운가

그거 다 지나고 나면
쓸데없는 걱정이다

생각만으로

너에 대한 생각만으로
미소가 번지고

만남에 대한 기대만으로
설렘이 묻어난다

작은 별 하나가
내 가슴에 들어와
반짝반짝 불을 밝힌다

달팽이 집 짓기

너는 달
나는 팽이
동글동글 우리 집을 짓자

비뚤어도
서로를 믿기에 두렵지 않고
구멍이 뚫려도
같은 하늘을 바라보며
기댈 수 있겠지

햇살이 짧아
하루가 소중해지고
곁에 네가 있어
눈 감을 자유가 생긴다

시간이 흘러

나이가 들어도
여전히 귀여운 여인이 있다
톡톡 튀는 말투와
호기심 가득한 눈망울
오늘따라 그녀가
미치도록 보고 싶다

시간이 흘러
많은 것들이 변해가지만
당신을 향한 마음은 한결같다
눈치 없는 달님에게
안부를 묻는다
너 거기서 잘 지내지

마음의 허기 채우기

화려한 꽃들보다
들에 핀 야생화가
더 고귀하다

타인들의 관심보다
한 사람의 눈빛이
더 간절하다

세상을 다 알지 못해
밖으로 시선을 돌리지만
마음의 허기는
당신을 통해 채워간다

세 번의 기회

인생을 살다 보면
세 번의 기회가 찾아온다는데
나에게는 아직 어떠한 일도
일어나지 않았다

기회라는 것이 본디
그 당시에는 몰랐다가
한참을 지난 후에야 알아차리는
맥락 없는 합리화의 끝판왕이 아닌가
논리적으로 증명할 수 없기에
억지로라도 꿰맞춰 본다

아무리 머리를 굴려도
명확한 건 없지만
당신을 만나 마음을 나누고
서로에게 힘이 되어주던 그 시절이
내 인생 최고의 순간이었음에는
변명할 여지가 없다

어제와 오늘

어제의 행복이
오늘의 행복이 아니듯
어제의 사랑이
오늘의 사랑이 아니다

어제의 꿈이
오늘의 꿈이 아니듯
어제의 내가
오늘의 내가 아니다

매일매일 변하고
끊임없이 흔들려도
내 속에 네가 있으니
그것으로 위안을 삼는다

수줍은 민낯

울긋불긋 구멍이 송송
가을이 벗겨낸 민낯이다
푸르름을 자랑할 때는
서로가 다를 게 없었는데
감춰온 속살을 드러내니
저마다 자태가 제각각이다

중후한 멋을 뽐내고 싶지만
말라가는 잎사귀는
예전의 싱그러움을 뒤로한 채
군데군데 점으로 얼룩져 있다

돌이켜 보면
처음부터 달랐던 것을
맞추며 사는 데 익숙해져
자신의 리듬을 완전히 잃어버렸다
이제야 느끼지만
본연의 색깔을 드러내도
아무도 관심이 없는데 말이다

너의 그림자

네 눈빛 잊을까
별을 보고
네 목소리 잊을까
꿈을 꾼다

네 발자국 사라질까
추억을 더듬고
네 향기 사라질까
시를 쓴다

자신과의 약속도
제대로 못 지키면서
너의 그림자는
달고 다닌다

나만 바쁜 줄 알았는데

파란 하늘에
하얀 구름이
거대한 배가 되어
떠다닌다

잠시 딴짓하다
무심코 돌아보니
배는 사라지고
꽁무니만 남아있다

세상에
나만 바쁜 줄 알았는데
너는 흔적까지
흘리는구나

우연이 아님을

가끔 일상에서
뜻밖의 행복감이 몰려온다
빗방울 소리 촉촉하고
포만감 가득한 햇살이
온몸을 적실 때가 그렇다

어제나 오늘이나
별반 차이가 없는데
그 속삭임이 달리 와닿는 것은
수렁에서 벗어나고 싶은 절규를
신이 알아차리고
손을 내미는 것이 아닐까

지독한 결핍과
숨통을 죄어오는 암흑 속에서도
틈을 타고 온 한 줄기 빛이
희망을 싹틔운다
이미 당신을 만난 것처럼
그것이 우연이 아님을

때로는

때로는 진지하게
때로는 천진난만하게
너와 결을 맞추며
행복을 만끽하고 싶다

가끔 서로의 생각이 달라
다툴 때도 있지만
네 입장에서 바라보고
이해하려다 보면
한결 가까워진 우리를 느낀다

때로는 친구처럼
때로는 연인처럼
서로를 믿고 지지하며
영원히 곁을 지키고 싶다

여운

지난밤 세찬 바람에
남은 잎새까지 모두 떨어지고
급작스러운 이슬의 출현에
끊긴 거미줄이 정체를 드러낸다

다시 해가 뜨고 바람이 잦아들면
아무 일 없는 듯 일상은 돌아가겠지만
밤새 불안과 사투하며
애간장을 태우던 이들에게는
그 순간을 끝끝내 잊을 수가 없다

세상이 어떻게 돌아가고
행운의 여신이 있는지
내 알 바 아니지만
낙엽의 쓸쓸함과 거미줄의 앙상함은
가슴에 남아 가시질 않는다

기억할 게 없는 세상

한 시간 빠르게 깨어나는 세상은
한 시간 느린 세상을 기억하게 된다
부지런할수록 더 많은 기회가 주어지고
혹시나 잘못되더라도
추스를 수 있는 시간이 있으련만
습관의 벽을 허물지 못해
어제와 같은 삶을 반복할 뿐이다

바라는 삶과 실천할 용기 사이에서
끊임없이 갈등하지만
험난한 고통의 길을 이미 알아버렸기에
작은 고비에도 쉽게 포기하게 되고
핑계를 찾느라 정신이 없다
그렇게 깨달아도 기억할 게 없는
그런 세상을 살아간다

있고 없고

혼자라 힘든 게 아니라
당신이 없어 외로운 것이다
둘이라 좋은 게 아니라
당신이라서 즐거운 것이다

밤이 아무리 캄캄해도
새벽까지 기다리면 동이 트고
부족한 게 있으면
하나둘 채워가면 되겠지만
당신이 사라지니
도대체 의미를 찾을 수가 없다

그깟 거 더 좋은 사람 만나
잊으면 된다지만
당신처럼 나를 알아주는 이
세상 어디에도 없기에
마냥 추억 속을 헤매고 다닌다
그렇게 또 하루가 간다

모르는 건 아니지만

바람이 불어
뿌리가 깊어지고
고난이 있어
본마음을 알게 된다

항상 좋을 수 없어
힘겨운 날도 있겠지만
흔들림을 통해
조금씩 성숙한다

들에 핀 야생화도
겉으로는 한가해 보이지만
무더위를 버티고
진드기와 싸워가며
그 향이 짙어진다

사랑 속에도

사랑 속에도
참사랑이 있고
아픔 속에도
참아픔이 있다

그토록 사랑했는데
또 보고 싶고
그토록 아파했는데
또 시려온다

모르고 지나쳤다면
아무렇지 않을 감정들이
너로 인해 깨어나고
너로 인해 앓아본다

가려진 진실

화원에 가득 찬 꽃들 속에서
마음에 드는 녀석을 찾아
정신없이 헤매다 보니
들판의 황금물결을 잊고 산다

목적만 가득할 뿐 여유가 없어
빨간 단풍잎에 가려진
벌레들의 식욕을 눈치채지 못하고
따사로운 햇살이 선사하는
상상의 즐거움을 날려버린다

눈앞에 펼쳐진 세상이
당장에야 전부인 듯 보여도
생각 너머의 진실은
내가 알지 못하는
또 다른 세계를 잉태하고 있다

내가 나일 때

내가 나일 때 너를 만났다
세상 물정 모르고 철이 없었지만
너의 손길은 따스했다

내가 나일 때 너를 보냈다
여전히 사랑스럽고 해줄 게 많았지만
너의 눈빛을 차마 볼 수 없었다

내가 나일 때 너를 부른다
지독한 고독에 빠져 본질과 마주하니
그곳에 네가 있었다

꽃잎

꽃잎이 화려하다
좀 더 폼 나게 자신을 뽐내고 싶지만
벌과 나비의 표적이 될까 봐
조심스레 가을을 향유한다

사색의 밤이 찾아오면
햇살을 만끽하지 못하고
눈치 보며 살아온 지난날이 못내 아쉽다
하고 싶은 일 하며 살아도
늘 아쉬운 게 인생인데

꽃잎이 떨어진다
굵은 빗방울에 온몸이 멍 들고
찬 바람에 살갗이 찢겨
더없이 낮은 곳으로 떠내려간다
그렇게 멋진 열매만 꿈꾸다
자신의 빛깔을 잃은 채
쓸쓸히 땅속으로 사라진다

지구는 잘 돌아간다

멋진 사람으로
존경받기보다
스스로를 인정할 수 있으면
그것으로 충분하다

화려하지는 않지만
꿈이 살아있고
성공은 아니어도
과정을 즐길 수는 없을까

내키지 않으면
하지 않아도 되고
아니다 싶으면
포기할 권리가 있다
그래도 지구는 잘 돌아간다

아무것도 모르면서

한껏 물올랐던 잎사귀는
마지막 양분까지 소진하며 바래고
가지 끝에 맺힌 방울은
눈물을 키우며 헤어짐을 준비한다

삶이 정해져 있어
원 없이 살다 떠나면 그만이지만
얽히고설킨 실타래는
관계에서 자유롭지 못해
눈치만 살피다 후회로 얼룩진다

최선을 다한다면서 고집만 늘어나고
완벽을 핑계로 타이밍을 놓친다
그렇게 앞만 보며 달려가지만
선택받지 못한 곳에
꿈의 정원이 있을지 그 누가 알겠는가

당신에게만큼은

다른 사람들이
어떻게 생각하든
당신에게만큼은
괜찮은 사람이고 싶다

실천하지 못해
제자리를 맴돌지만
당신과의 약속은
꼭 지키고 싶다

티 나지는 않아도
왠지 모르게 힘이 되는
그런 친구로
오래오래 함께하고 싶다

삶의 방식이 다르기에

내가 왜 이러는지
자신도 모르면서
네가 왜 그런지
어쭙잖게 간섭을 한다

하늘을 떠도는 구름도
못 본 척 흘러가고
길가의 꽃들도
그들의 방식으로 살아가는데
나의 시점에서 바라보고
나의 관점으로 해석한다

사람들은 저마다
삶의 방식이 다르기에
자신의 틀에 맞춰
타인을 구속할 권리가 없다
그냥 그 존재를 인정하고
기다려주면 안 될까

그때 그 시절

그때 그 시절
그 느낌을 지울 수가 없다
풋풋한 향기와 수줍은 미소
숨 멎을 듯한 공간에
촉촉한 눈망울의 네가 있었다

서툴지만 진심이었기에
용기 낼 수 있었고
이번 기회를 놓치면
평생을 후회할 것 같아
끌림에 따라 자연스레 다가갔었다

지나고 나면
모든 것들이 추억이라지만
너 혹시 아니
지금도 네 곁에 내가 있고
영원히 함께할 거란 걸

생각은 달라도

내 생각과 네 생각이
다를 수 있어도
내 마음과 네 마음이
결을 같이하면 좋겠다

생각이야 온전히
개인의 고유한 영역이지만
마음은 나눌수록 풍요로워지는
요술 풍선 같아
그 속에서 우리의 뜻을
마음껏 펼치고 싶다

늘 동경하면서도
생각 속에 머물고
어쭙잖은 참견이 싫어
홀로 성을 쌓았는데
당신과 함께라면
믿고 도전할 용기가 생긴다

안개가 걷히면

혼돈의 능선을 따라
자욱하게 깔린 안개가 걷히면
거친 억새 사이로
구절초가 고개를 내민다

모든 것을 내던지고
기억 저편으로 흘려보냈건만
선선한 바람을 타고
가슴 군데군데 피어나니
매몰찬 이성의 결단도
깊숙이 박힌 뿌리까지는
건드리지 못하나 보다

매년 겪어야 하는
아픔일 수도 있지만
너 그거 아니

네가 있어 내가 살아간다는 거
지독한 고독과 마주하며
찾아낸 진실이기에
아닌 척 외면할 자신이 없다

시월의 어느 날

시월의 어느 날
당신을 꼭 만나고 싶다
예전에는 몰랐는데
너의 예쁜 모습뿐만 아니라
함께한 모든 순간들이
소중한 추억으로 남아있다

너를 떠나보낸 후
홀로 고독과 마주하며
가슴 저린 쓸쓸함의 본질을 알아간다
때늦은 가을비의 요란함과
갈피 잃은 이성의 끝자락에서
곱씹어 찾아낸 진실이
여전히 너를 사랑한다는 것이다

찬바람이 가슴을 때리고
상념이 깊어질수록
지금은 그냥
햇살 좋은 가을보다
당신의 어깨에 기대고 싶다

내 인생의 찬란한 봄

그때는 미처 몰랐다
봄이 얼마나 아름다운지를
혹독한 무더위와
휘몰아치는 폭풍우를 견디며
마지막 남은 잎사귀까지 떨구고 나서야
햇살의 따스함에 몸을 기댄다

습관처럼 이어지는 하루는
척박한 대지를 뚫고 나온 새싹과
노랑나비의 날갯짓을
아무렇지 않게 받아들였다
보이지 않는 실체를 향해
맹목적으로 달려가고
눈앞의 성과를 위해
숨 쉴 수 있는 자유를 포기했었다

그런 세상에 당신을 만났다
신의 장난으로 처절한 아픔을 겪고 있지만
고독 속에서 찾아낸 진실이
당신이 아니면 안 된다는 사실이다
어느 비 갠 오후
빨갛게 물든 단풍잎 사이로
송골송골 맺힌 물방울이 영롱하다
내 인생의 찬란한 봄이 깨어난다